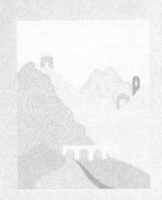  

PAISAGENS FASCINANTES

Livro de colorir para relaxar e aliviar o estresse

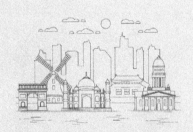 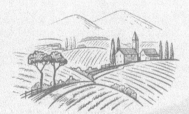

Nature & Art Editions

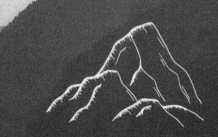

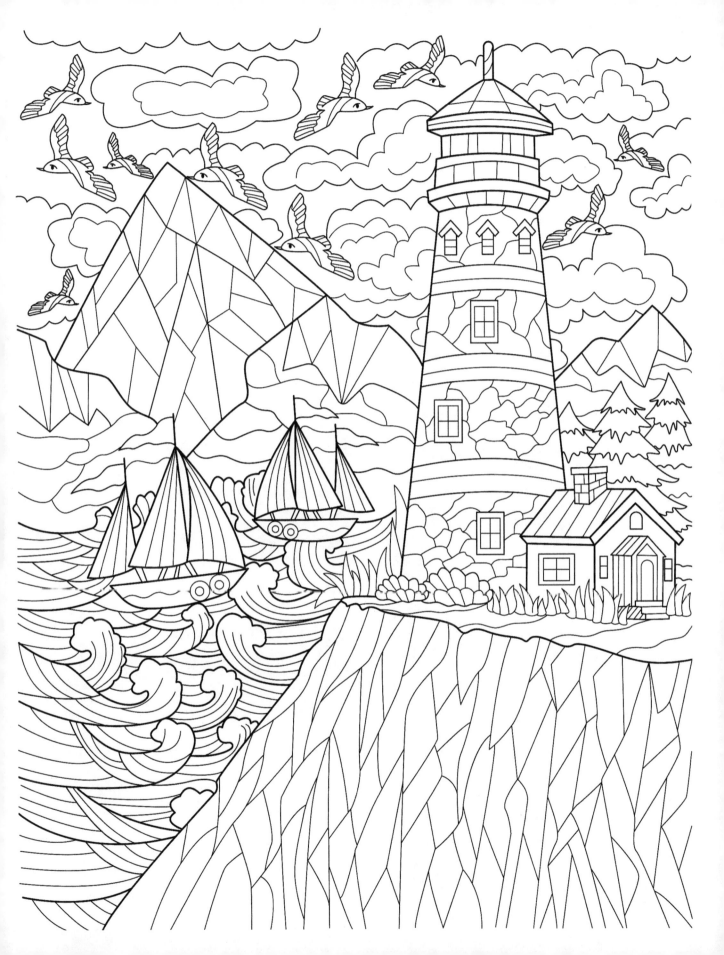

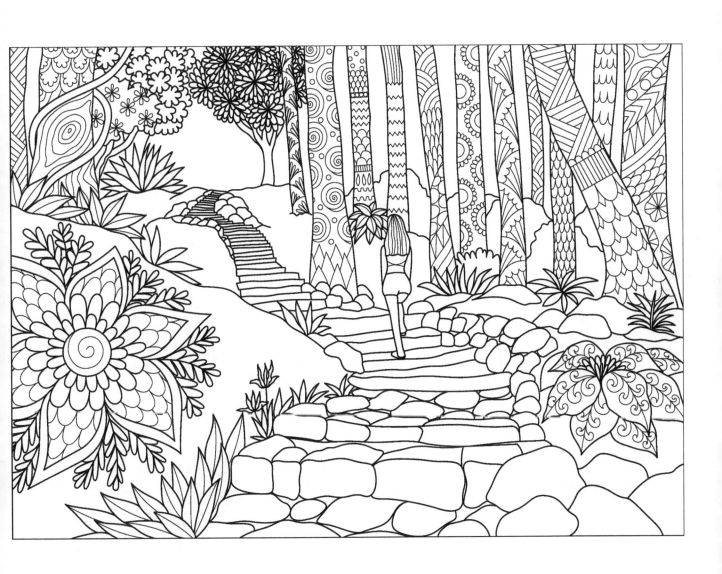

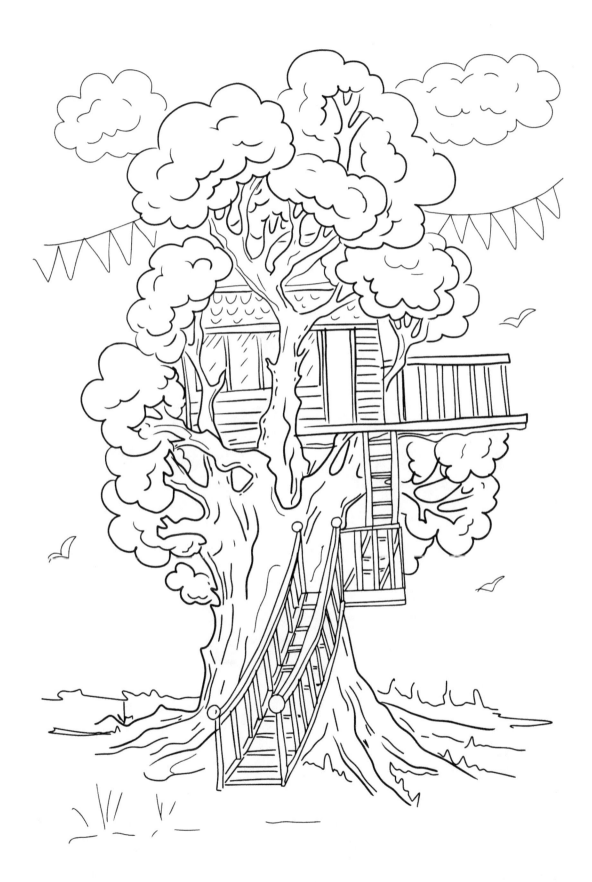

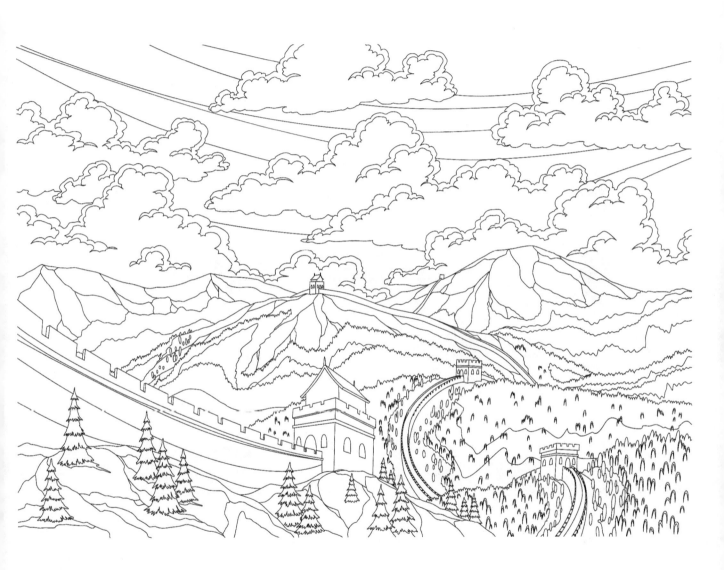

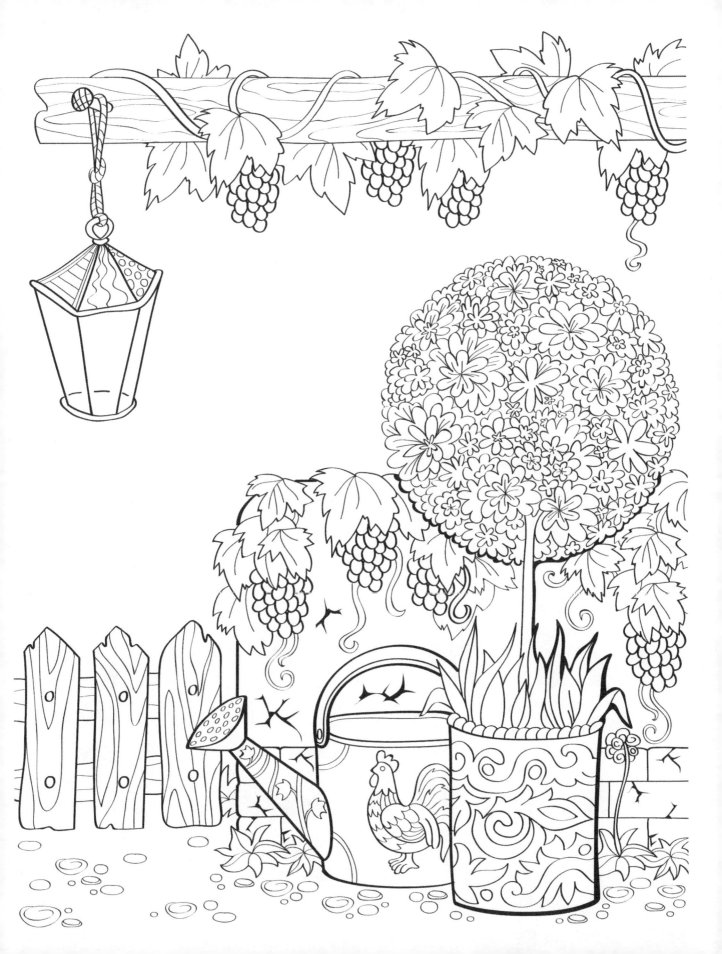

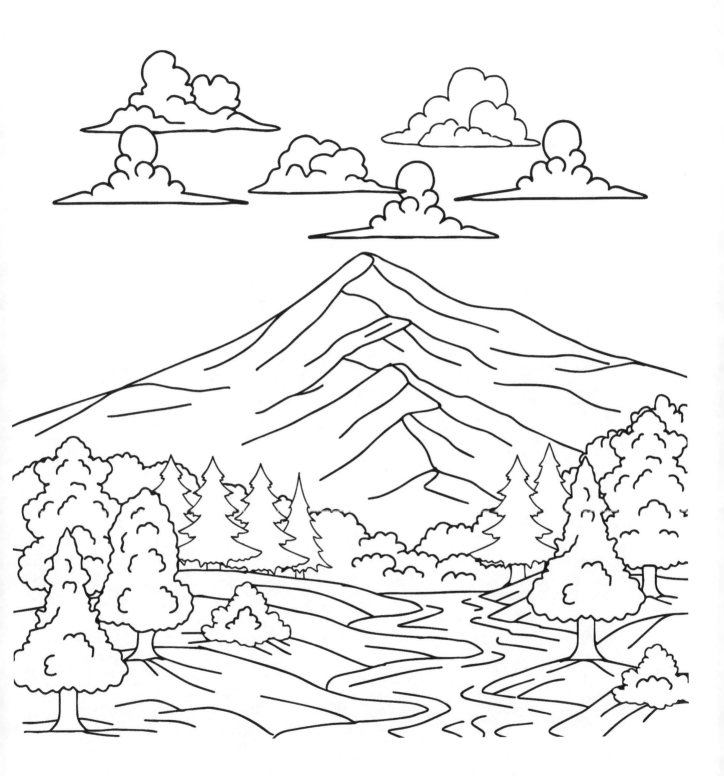

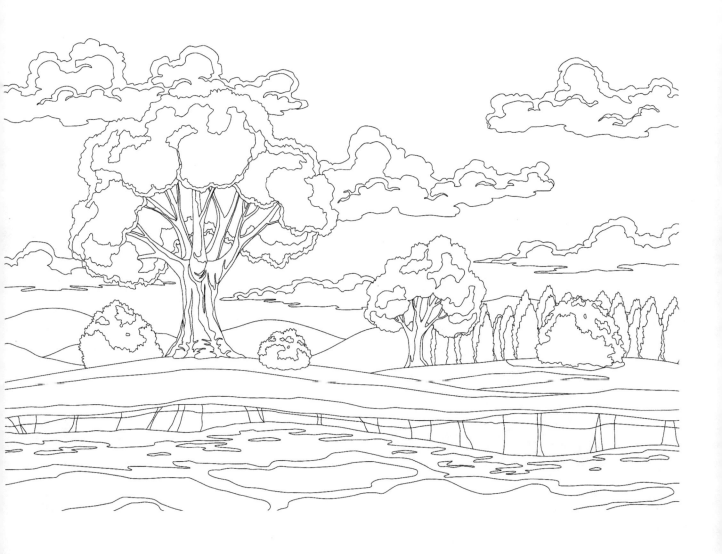

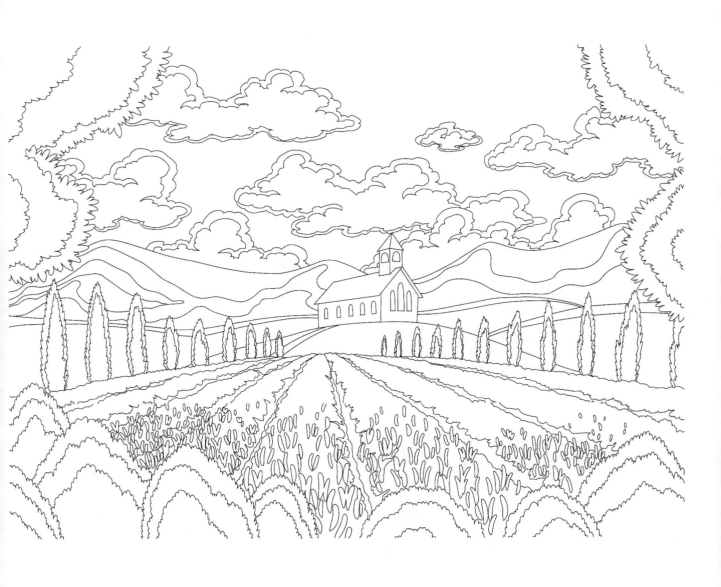

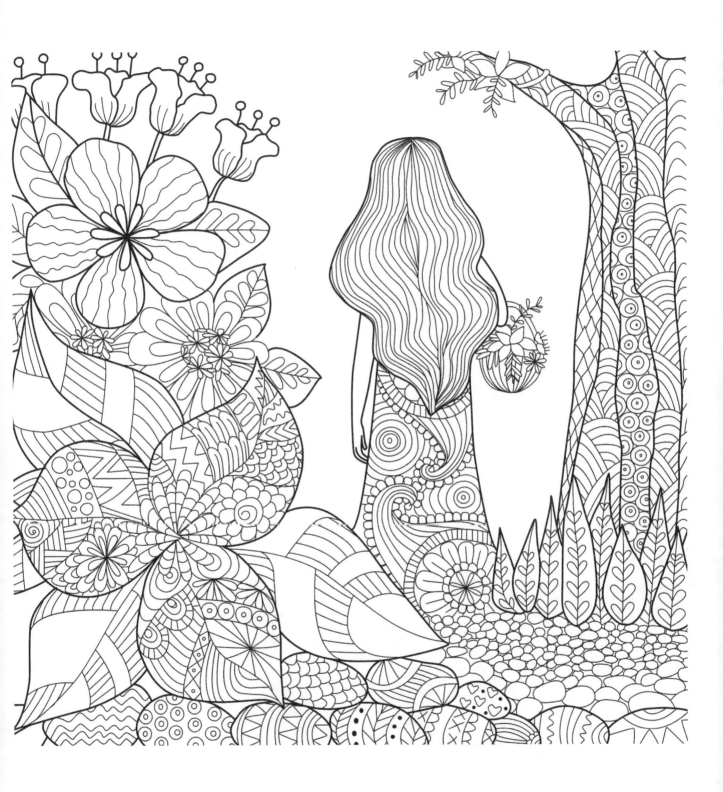

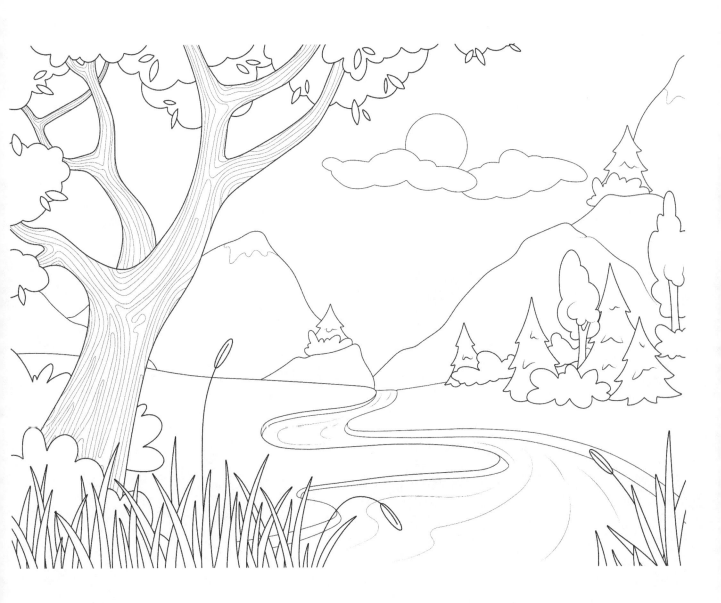

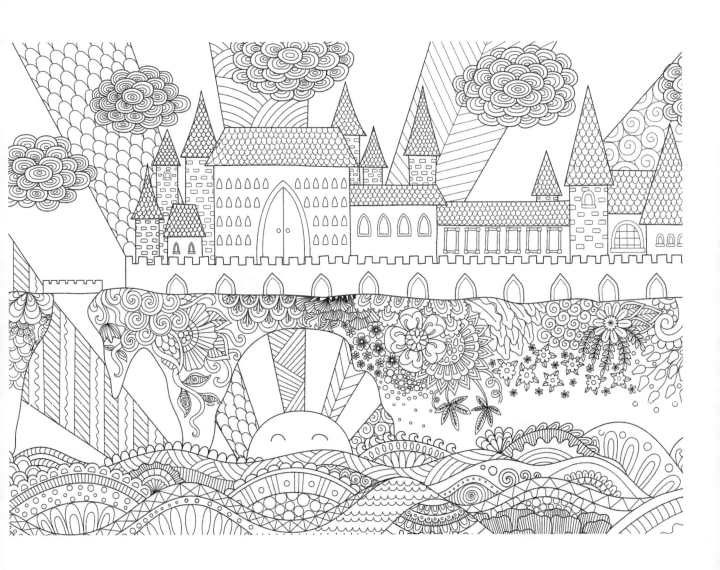

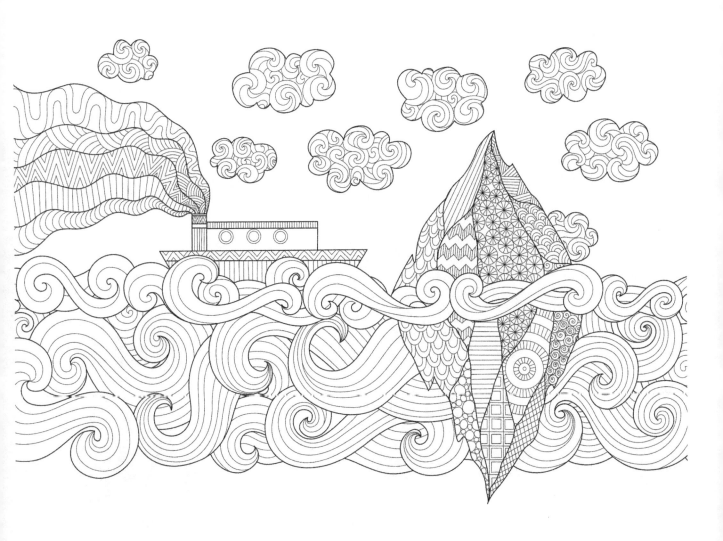

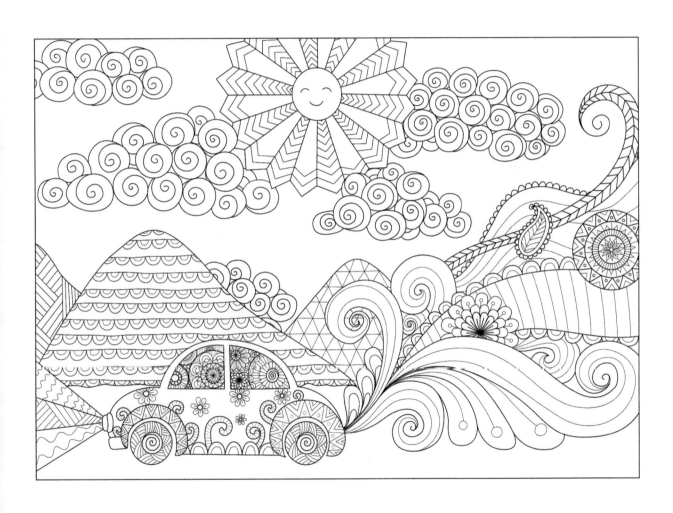

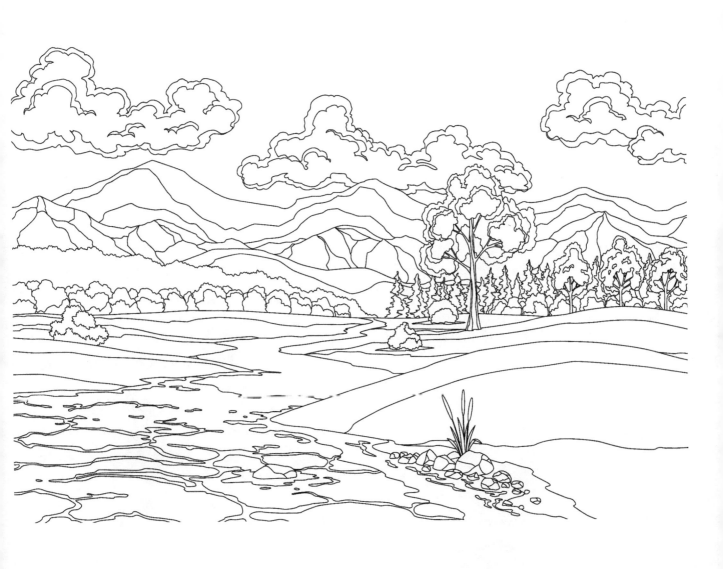

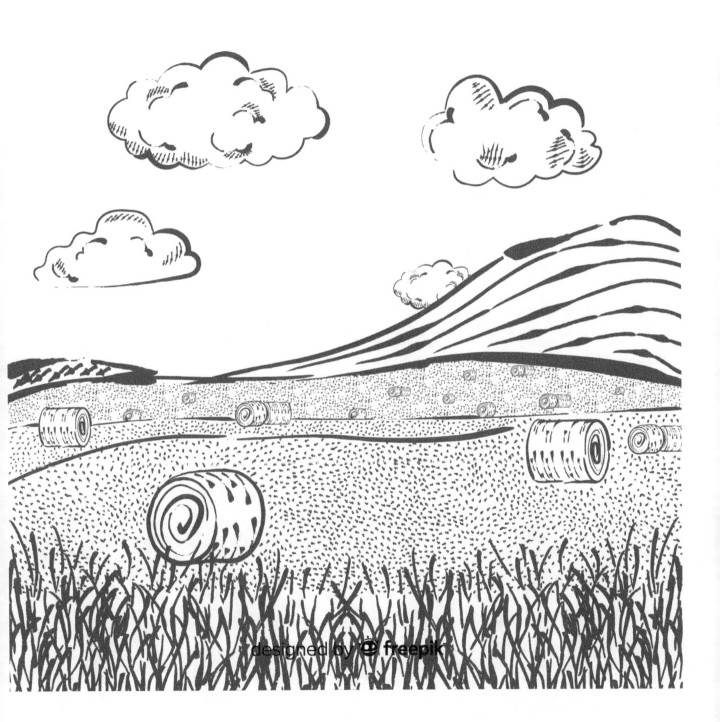

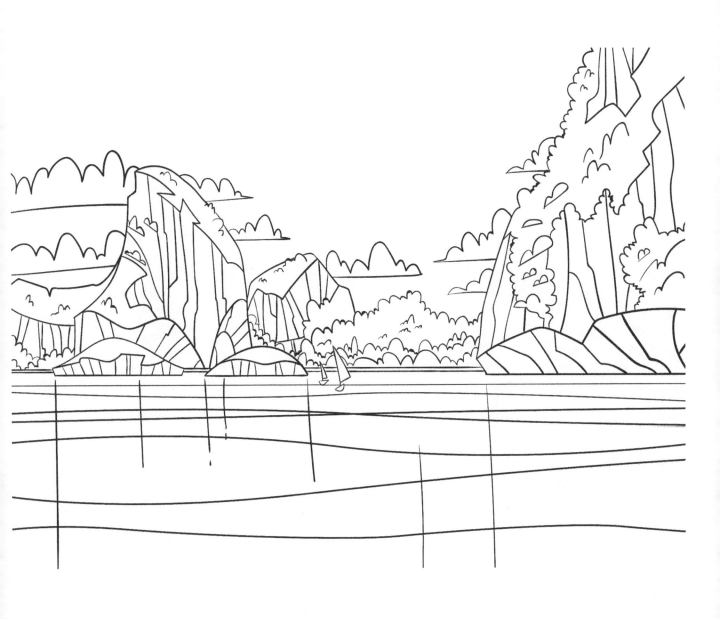

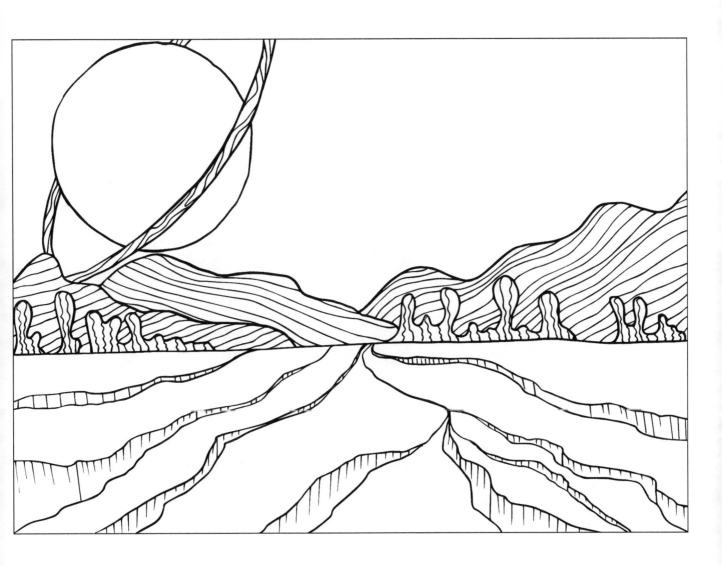

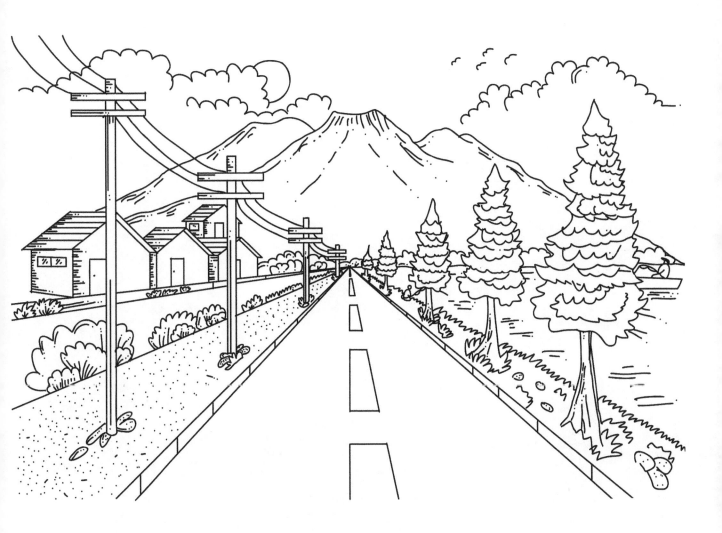

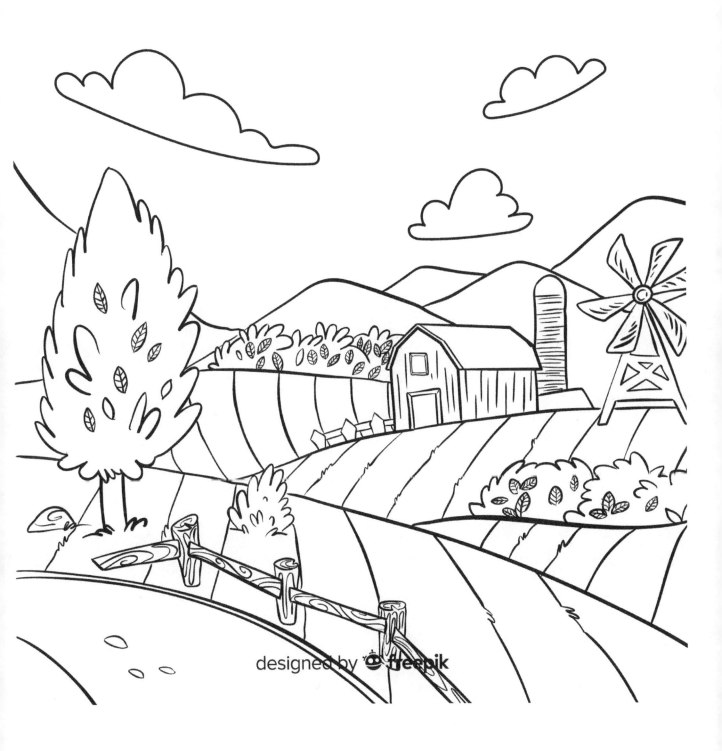

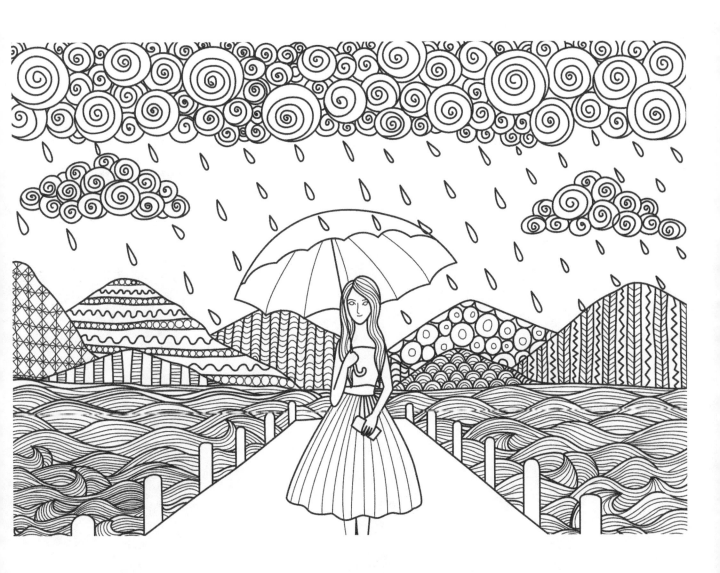

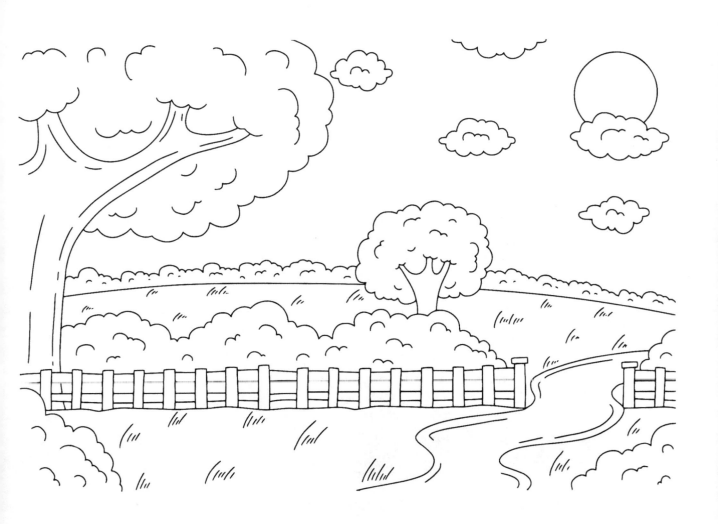

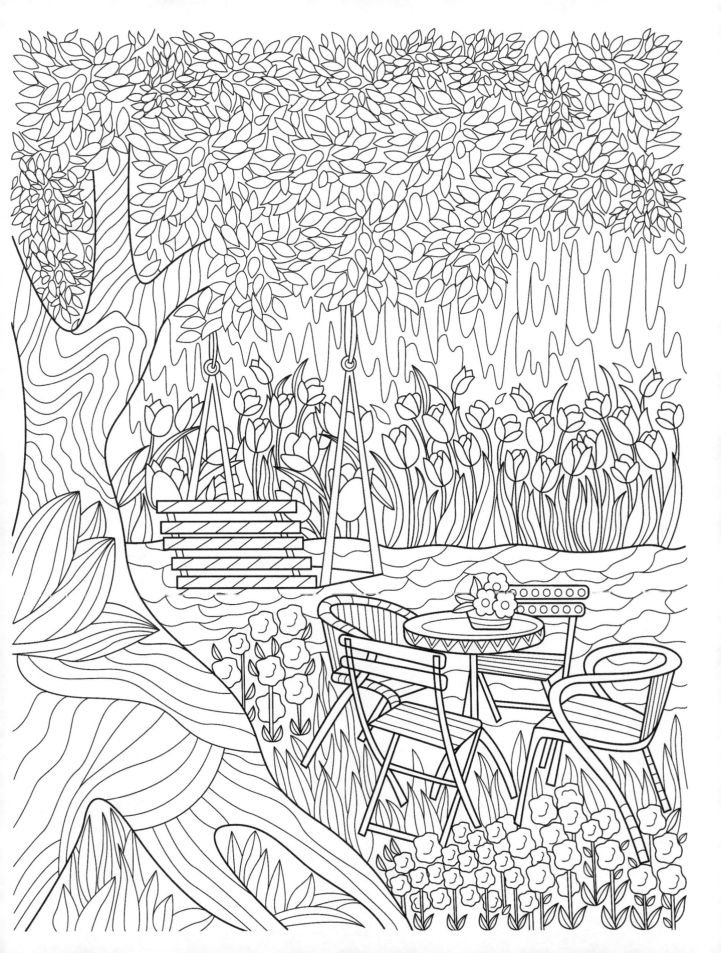

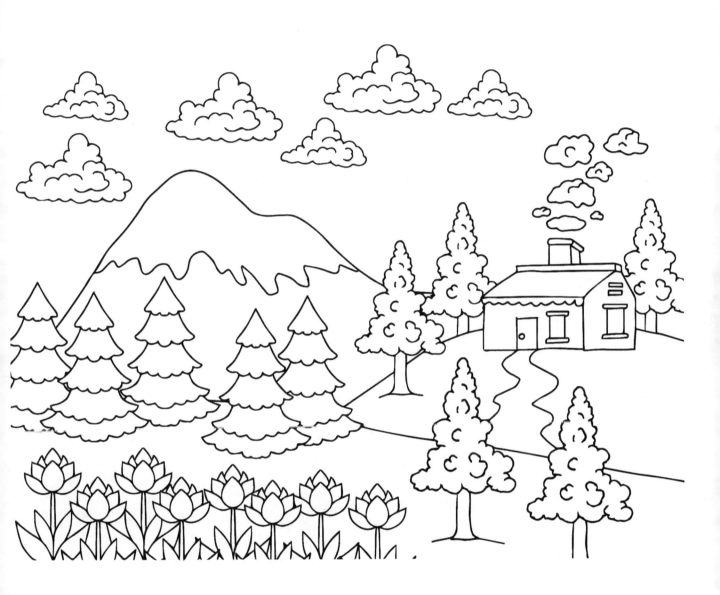

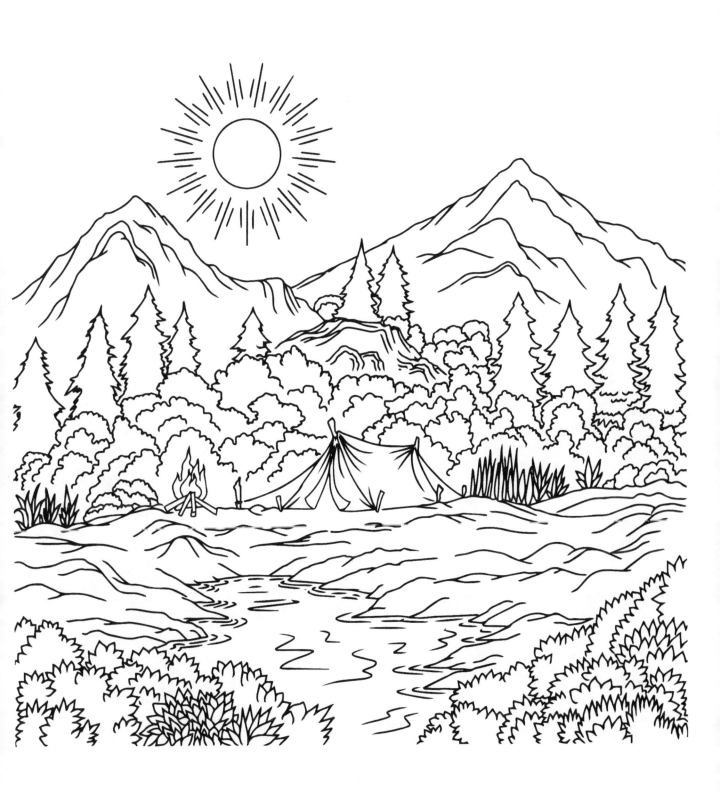

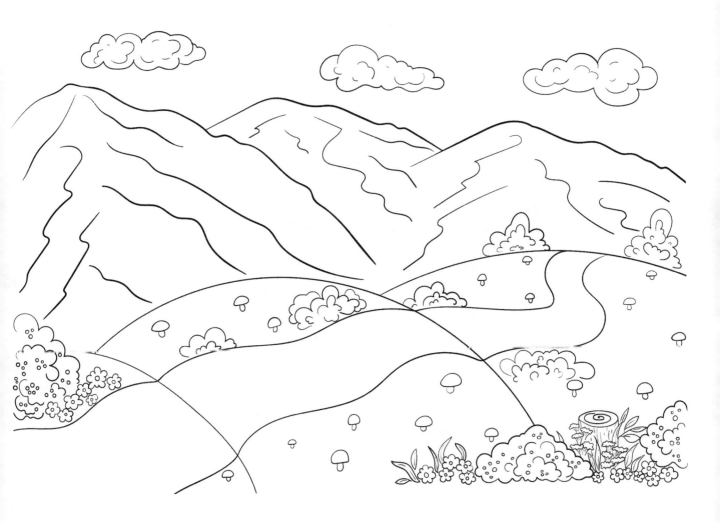

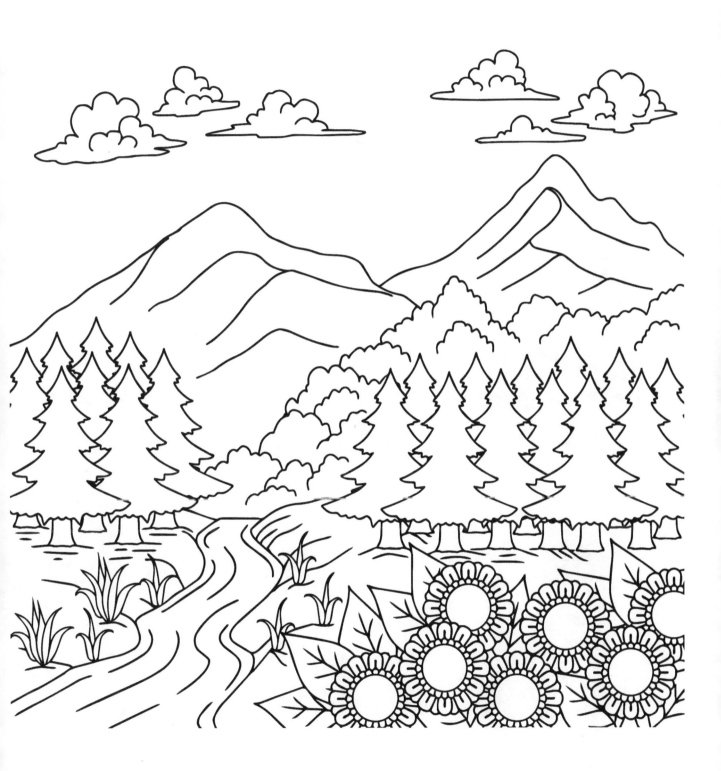

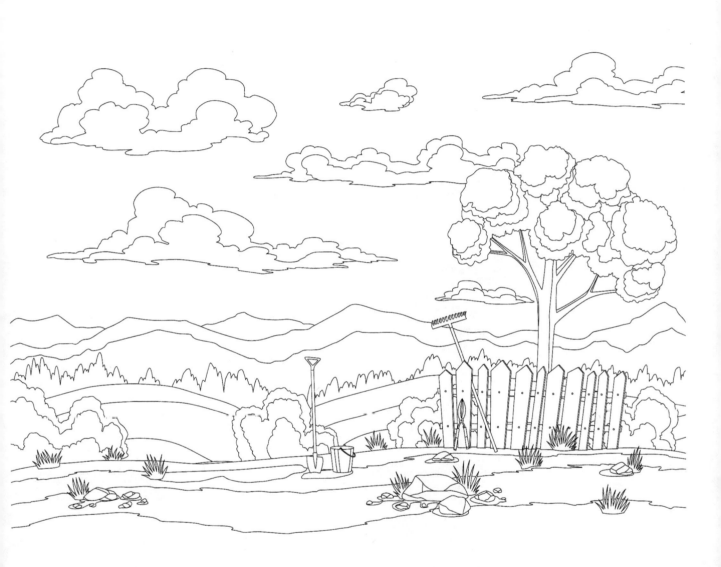

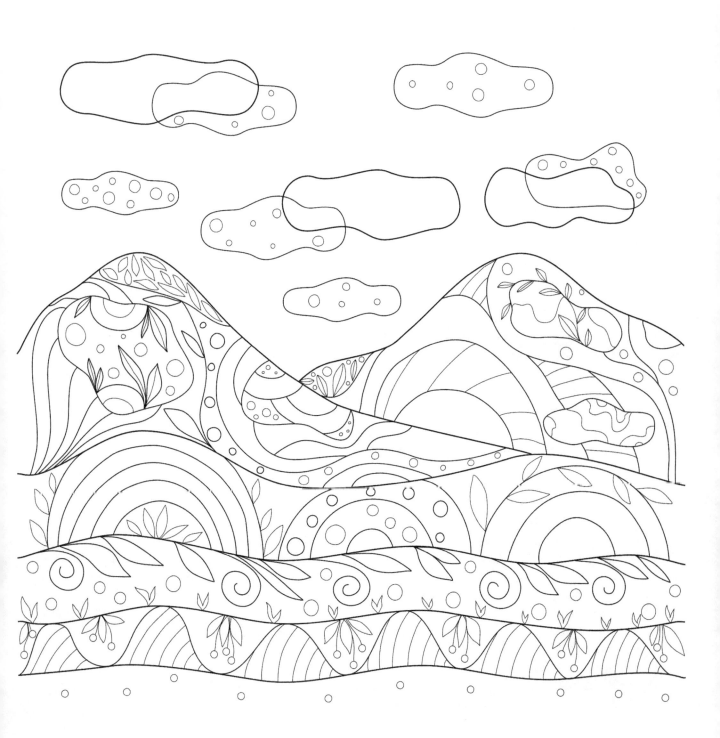

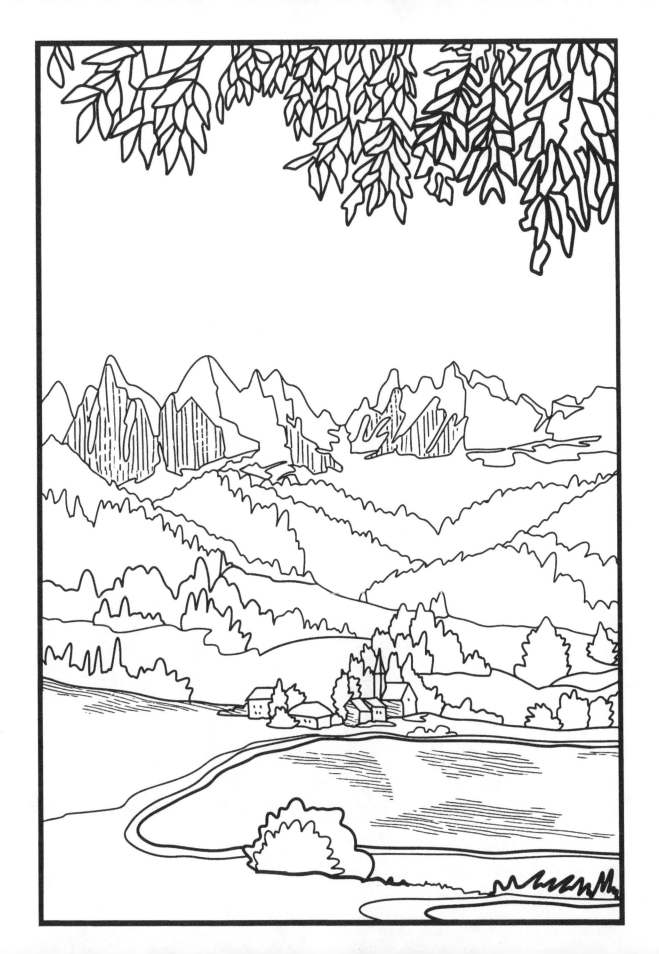

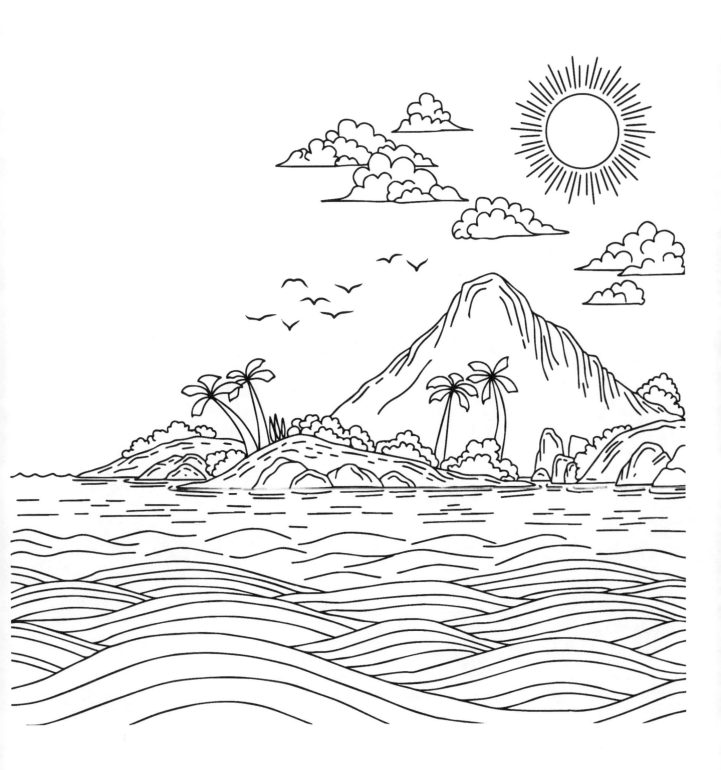

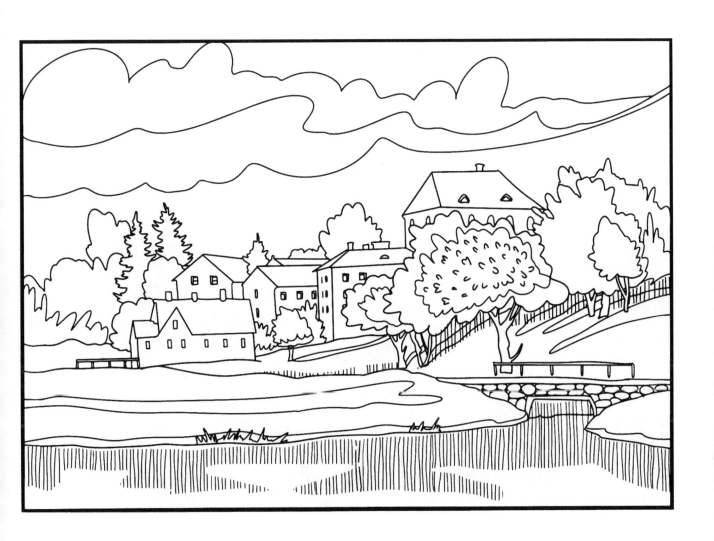

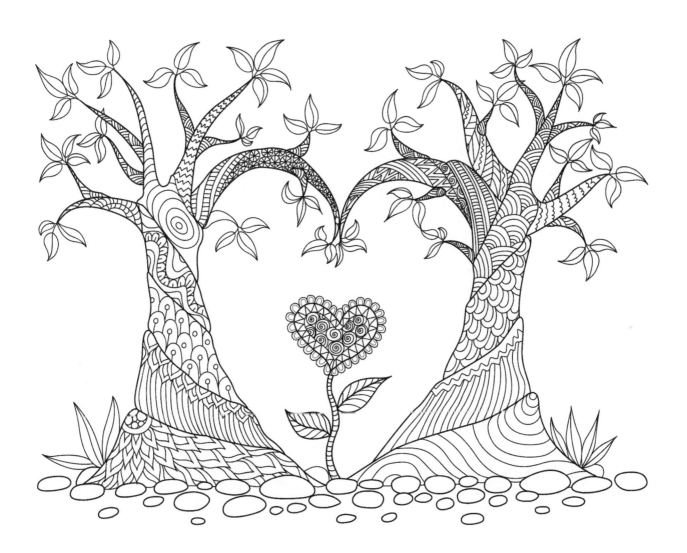

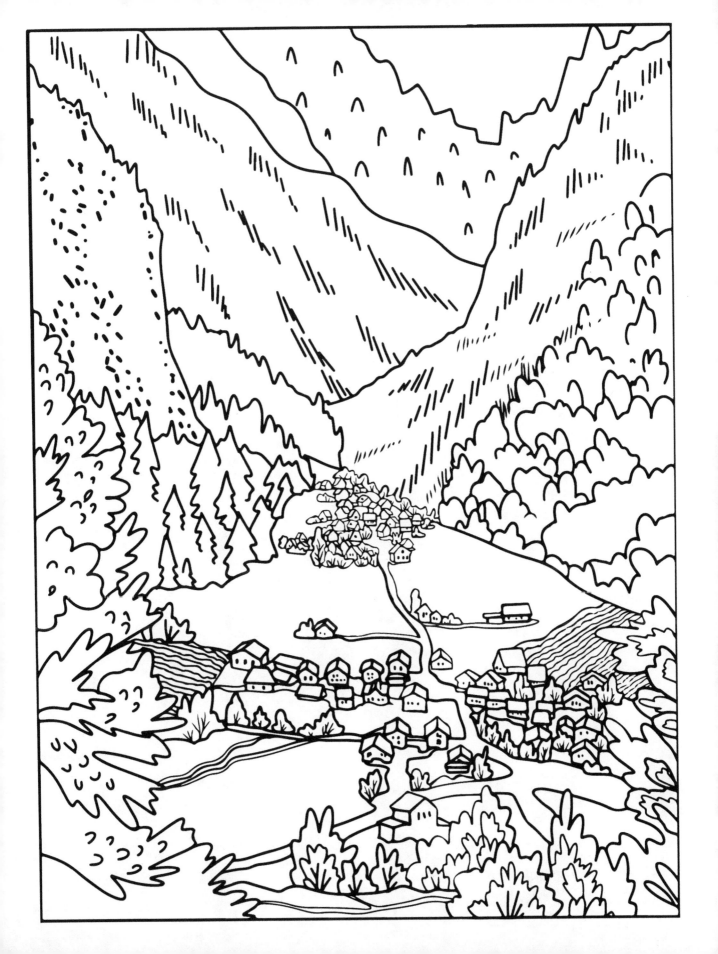

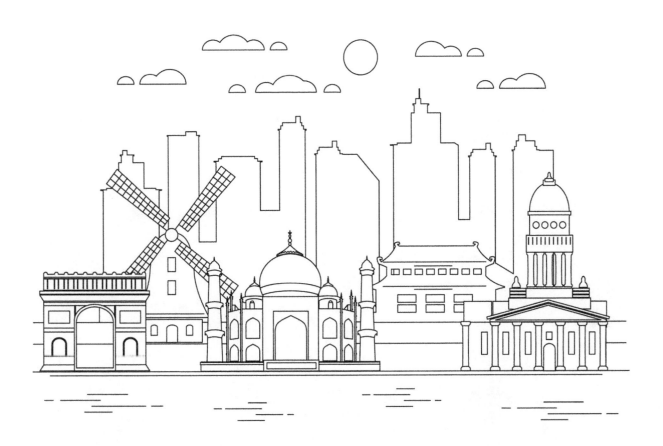

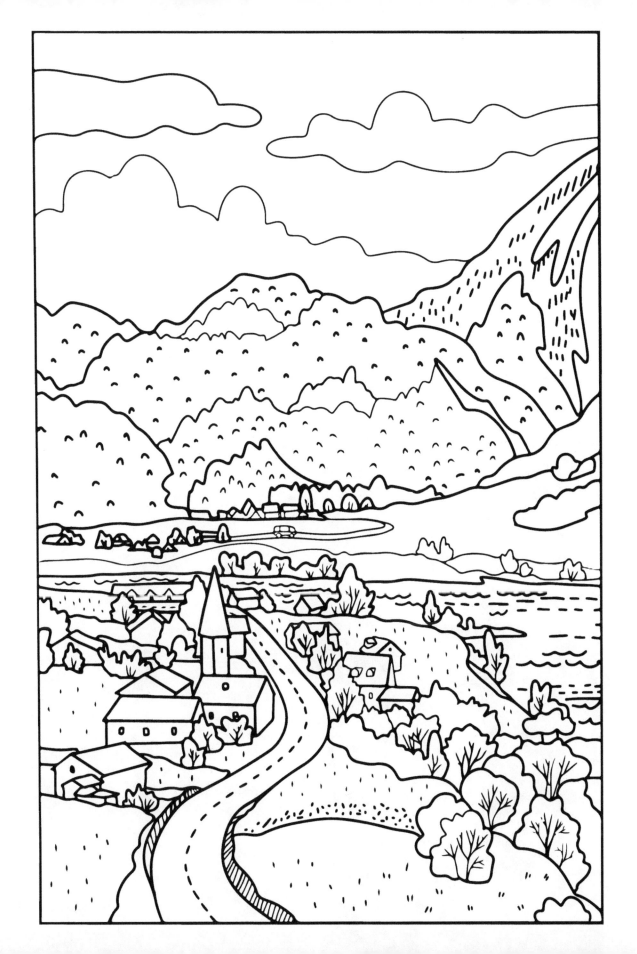

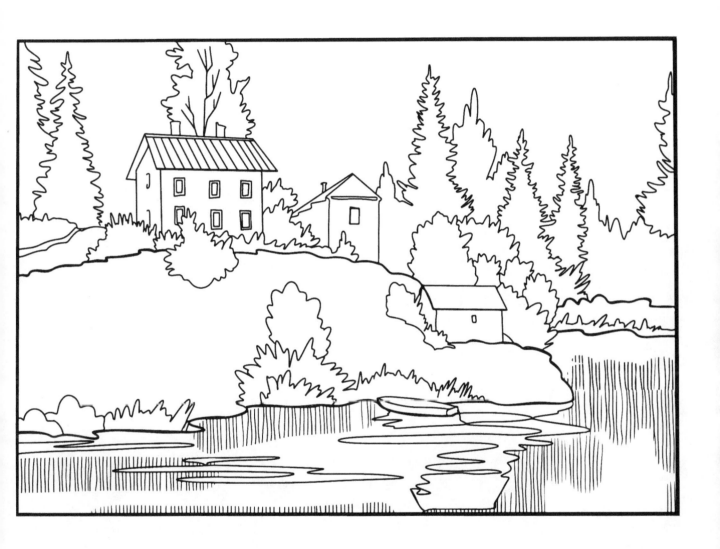

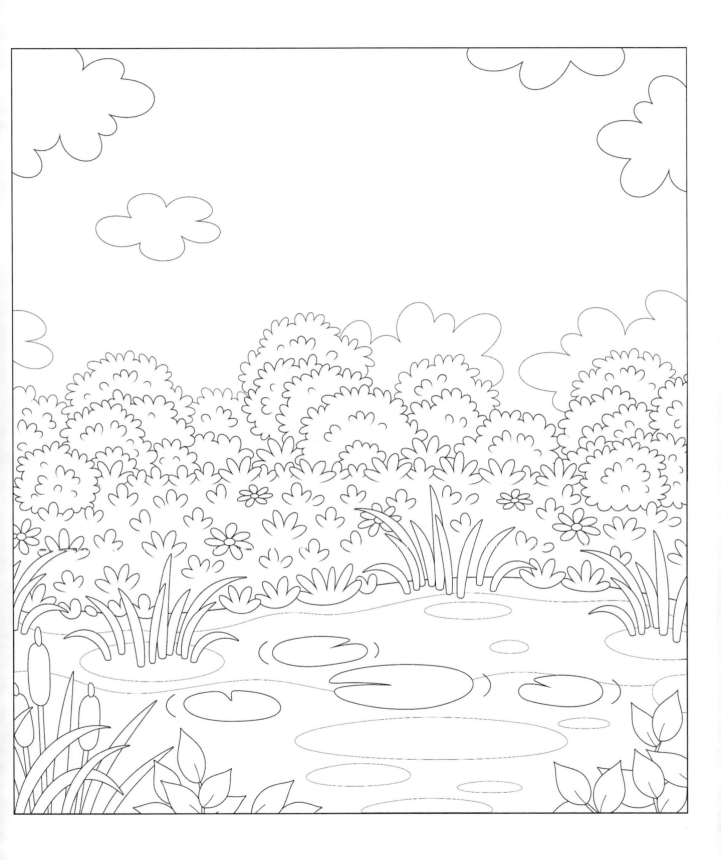

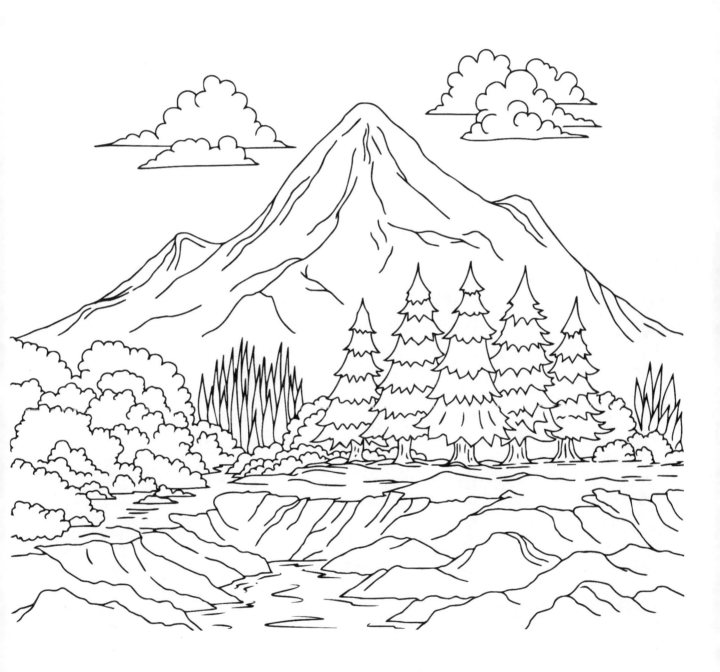

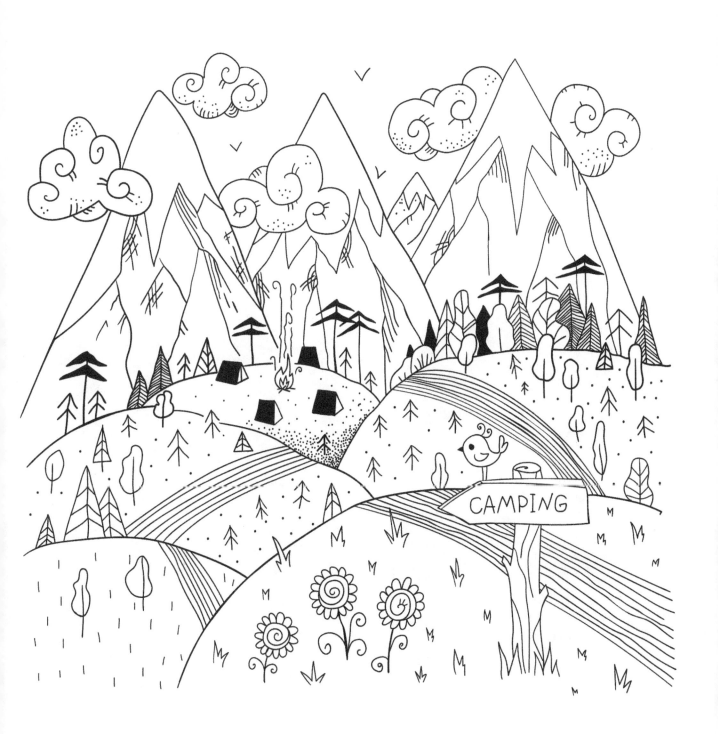

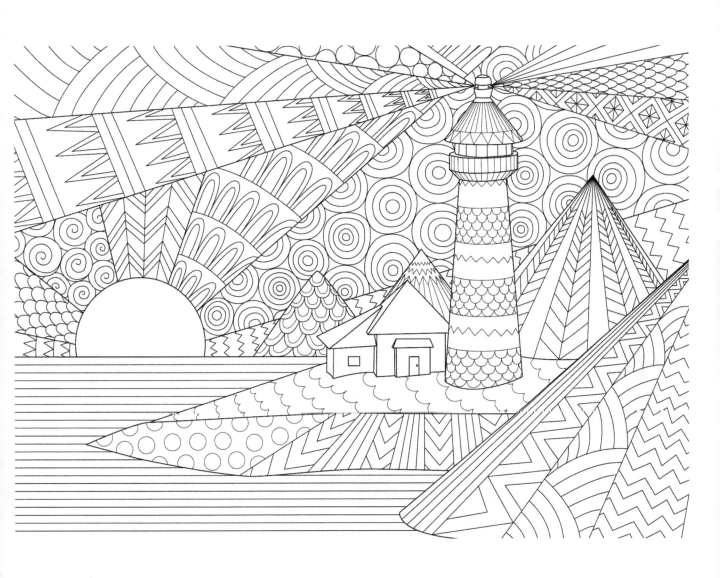

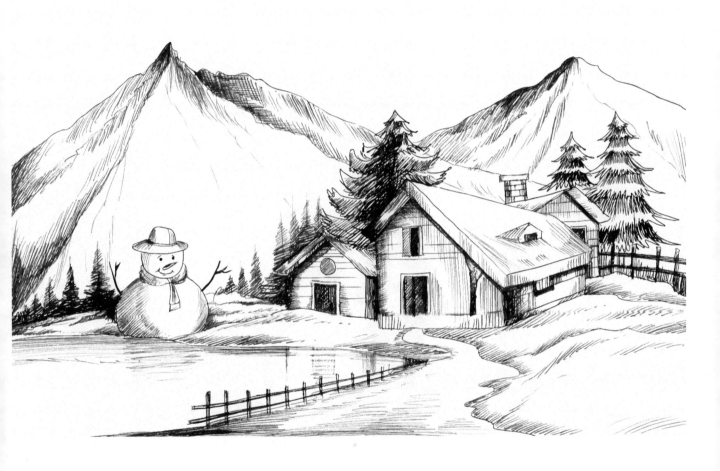

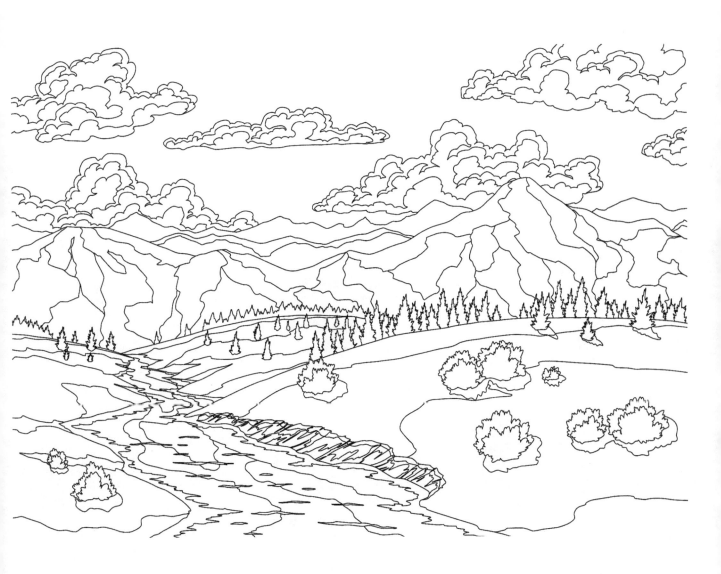

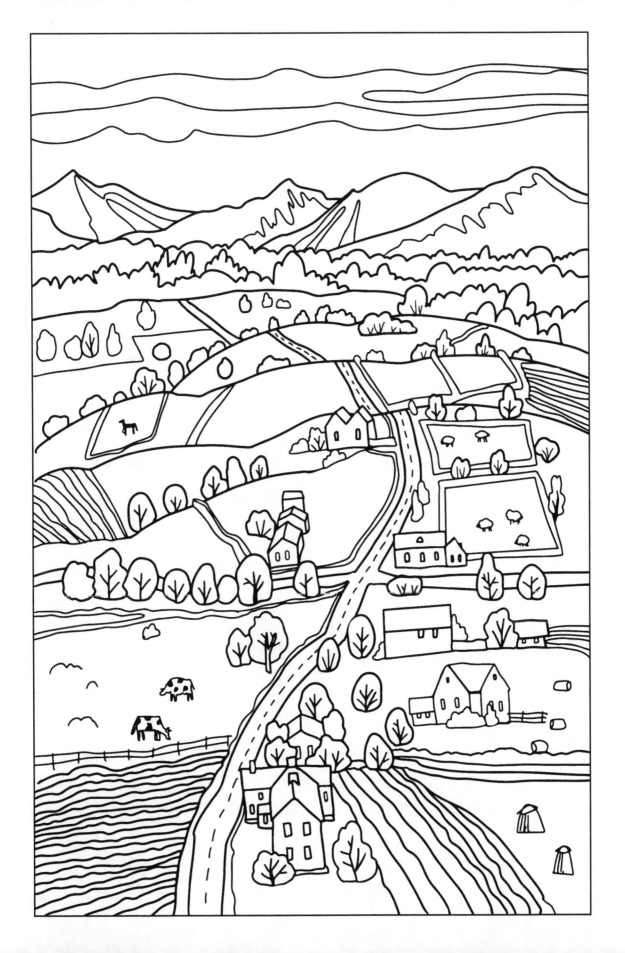

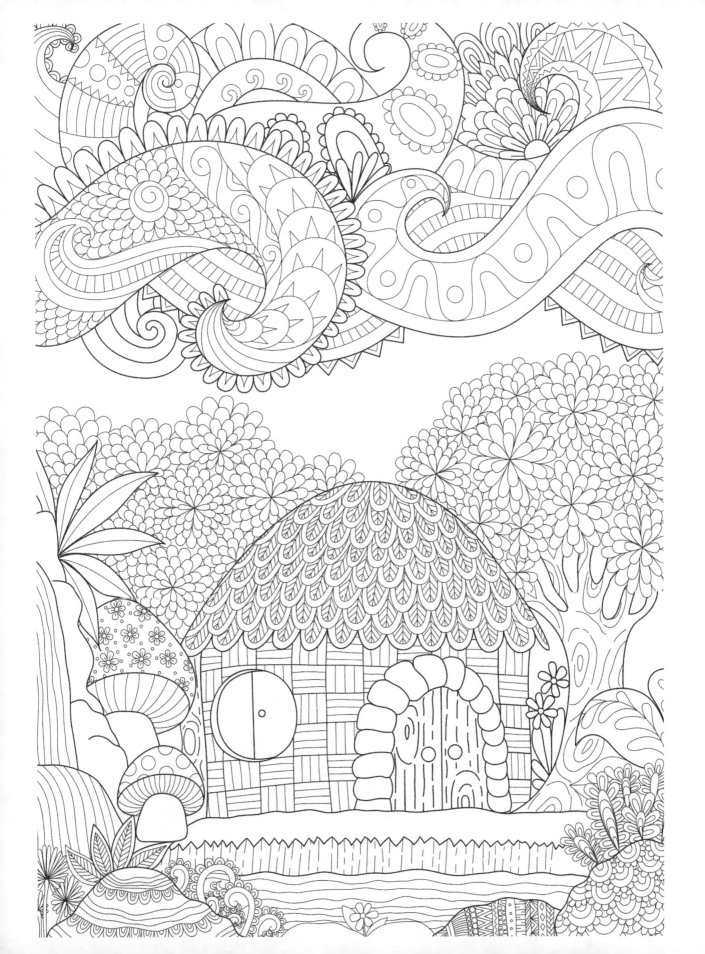

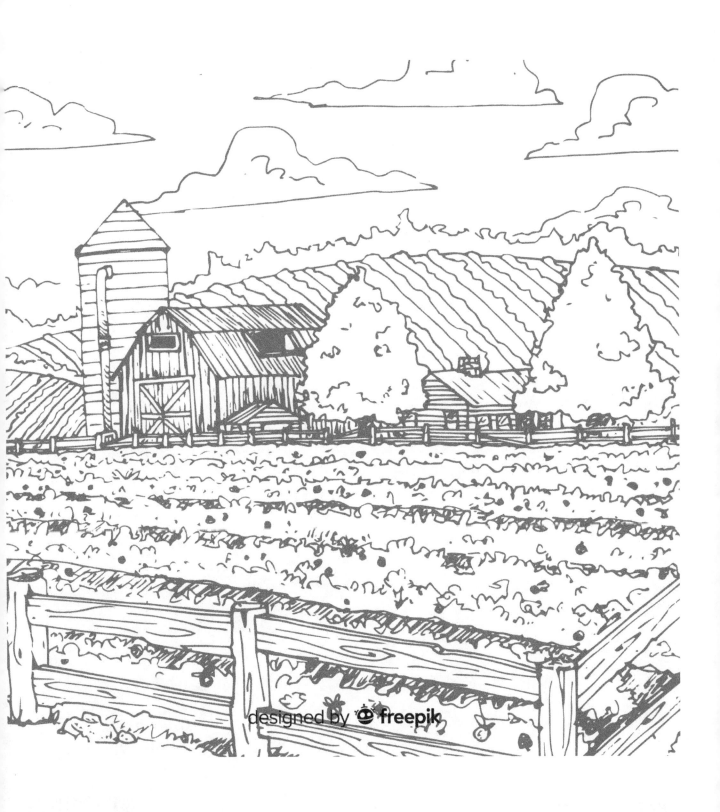

CPSIA information can be obtained
at www.ICGtesting.com
Printed in the USA
BVHW021141180423
662564BV00010B/661